SESAME STREET

Explora los HÁBITATS POLARES con Enrique

Charlotte Reed

ediciones Lerner ◆ Mineápolis

¡Hay muchos hábitats que explorar!

En la serie Hábitats de Sesame Street®, los pequeños lectores recorrerán ocho hábitats. Únete a tus amigos de *Sesame Street* mientras aprenden sobre estos diferentes hábitats en los que los animales viven, duermen y encuentran agua y comida.

Saludos.
Los editores de Sesame Workshop

Contenido

¿Qué es un hábitat? 4

Observemos los hábitats polares 8

¿Puedes adivinar? . 28
Glosario 30
Otros títulos 31
Índice 32

¿QUÉ ES UN HÁBITAT?

¡Exploremos los hábitats! Un hábitat es un lugar donde hay animales que viven, duermen y encuentran agua y comida. Un hábitat polar es un tipo de hábitat.

Los hábitats polares son muy fríos y ventosos. Hay gran cantidad de nieve en un hábitat polar, pero, por lo general, muy poca lluvia. ¡La tierra está cubierta de hielo y nieve!

¡A Elmo le encanta cuando nieva en Sesame Street!

OBSERVEMOS LOS HÁBITATS POLARES

Aunque hace frío, en los hábitats polares pueden crecer las plantas. Algunas plantas polares son pastos, líquenes, musgos, pequeños arbustos y flores.

¡Las flores también crecen en mi jardín encantado!

Hay muchos tipos de animales que viven en hábitats polares. Los animales de los hábitats polares encuentran maneras de mantener el calor.

Yo mantener el
calor con mi gorro,
mitones y bufanda.

El pingüino emperador mantiene el calor acurrucándose en grandes grupos. Como el lugar más cálido es en el medio del grupo, se ubican allí por turnos.

Durante los meses más fríos del año, los leminos cavan bajo la nieve para mantener el calor. Cuando cavan, hacen túneles y construyen nidos para tener un hogar para el invierno.

¡Me gusta andar en trineo durante el invierno!

Los búhos nivales están cubiertos de plumas gruesas que los protegen del frío.

Como hace demasiado frío para que crezcan árboles en los hábitats polares, los búhos nivales construyen sus nidos en el suelo.

Algunos animales polares tienen un sebo que les ayuda a mantener el calor. Las morsas, las focas de Groenlandia y las ballenas beluga tienen sebo.

El buey almizclero tiene una capa gruesa de piel que ayuda a que su cuerpo se mantenga caliente. Tiene pezuñas que le ayudan a remover la nieve para encontrar plantas que comer.

¡El buey
almizclero come
pasto y musgo!

Algunos animales polares, como la ardilla ártica terrestre, hibernan. Eso significa que encuentran un lugar seguro y permanecen allí hasta que termina el invierno.

Algunos animales polares, como los zorros árticos, tienen piel blanca, que les ayuda a mimetizarse con la nieve y el hielo. Tienen colas largas y esponjosas que también les ayudan a mantener el calor.

¡Enroscan las colas
a su alrededor
como frazadas!

Los hábitats polares son muy helados, ventosos y están llenos de nieve. Albergan todo tipo de animales que encuentran maneras de mantener el calor en el frío circundante.

¿PUEDES ADIVINAR?

1. ¿Cuál de estas imágenes es de un hábitat polar?

2. ¿Cuál de estos animales vive en un hábitat polar?

A

B

Glosario

acurrucarse: pararse muy juntos para mantener el calor

hábitat: un lugar en el que los animales viven y pueden encontrar agua, comida y un lugar para dormir

hibernar: descansar durante el invierno

sebo: la parte de las ballenas y otros grandes mamíferos marinos que les ayuda a mantener el calor

¿Puedes adivinar? Respuestas

1. B
2. B

Otros títulos

Huddleston, Emma. *Polar Bears*. Mineápolis: Bearport, 2023.

Peters, Katie. *Polar Animals*. Mineápolis: Lerner Publications, 2020.

Reed, Charlotte. *Explora los hábitats de montaña con Big Bird*. Mineápolis: ediciones Lerner, 2026.

Créditos por las fotografías

Créditos de las imágenes: Chase Dekker/Wild-Life Images/Getty Images, p. 5; Ruzdi Ekenheim/Getty Images, p. 6; Wu Swee Ong/Getty Images, p. 6 (reno); Mauro Rossi/500px/Getty Images, p. 6 (búho nival); troutnut/Getty Images, p. 9; mzphoto11/Getty Images, p. 10; vladsilver/Getty Images, p. 12; Mathilde Poirier/Alamy, p. 14; Dave Hutchison Photography/Getty Images, p. 17; Thomas Kokta/Getty Images, p. 18; alazor/Getty Images, p. 19 (ballena beluga); zanskar/Getty Images, p. 19 (foca de Groenlandia); Jami Tarris/Getty Images, p. 19 (morsa); Karine Patry/Getty Images, p. 20; Nature in Stock/Alamy, p. 23; Cecilie Sønsteby/Getty Images, p. 24; SeppFriedhuber/Getty Images, p. 25; 4FR/Getty Images, p. 26 (lobos árticos); Global_Pics/Getty Images, p. 26; Karine Patry/Getty Images, p. 27 (buey almizclero); ToniFlap/Getty Images, p. 28 (izquierda); MOF/Getty Images, p. 28 (derecha); Jessica Minozzi/500px/Getty Images, p. 29 (ardilla); Alexey_Seafarer/Getty Images, p. 29 (oso polar). Portada: KeithSzafranski/Getty Images, (pingüinos emperador); Ruzdi Ekenheim/Getty Images, (Antártida); Jim Cumming/Shutterstock, (lobo ártico); Mathilde Poirier/Alamy, (lemino).

Índice

ardilla ártica terrestre, 22
buey almizclero, 20–21
búhos nivales, 16–17
leminos, 14
morsas, 18
pingüinos emperador, 13
zorros árticos, 24

Dedicado a mi abuela, quien siempre creyó en mí.

ediciones Lerner
Una división de Lerner Publishing Group, Inc.
241 First Avenue North
Mineápolis, MN 55401, EE. UU.

Si desea averiguar acerca de niveles de lectura y para obtener más información, favor consultar este título en www.lernerbooks.com.

Fuente del texto del cuerpo principal: Mikado 24/41. Fuente proporcionada por HVD.

Library of Congress Cataloging-in-Publication Data

Names: Reed, Charlotte, 1997–author
Title: Explora los hábitats polares con Enrique / Charlotte Reed.
Other titles: Explore Polar habitats with Ernie. Spanish
Description: Minneapolis : ediciones Lerner, [2026] | Series: Hábitats de Sesame Street | Includes bibliographical references and index. | Audience: Ages 4–8 | Audience: Grades K–1 | Summary: “Polar habitats are cold, windy, and snowy. Join Ernie and his Sesame Street friends as they travel to a polar habitat to learn about polar animals and the special features that help them survive. Now in Spanish!”—Provided by publisher.
Identifiers: LCCN 2025016061 (print) | LCCN 2025016062 (ebook) | ISBN 9798765690239 library binding | ISBN 9798348028251 paperback | ISBN 9798765692288 epub
Subjects: LCSH: Animals—Habitations—Polar regions—Juvenile literature | Ecology—Polar regions—Juvenile literature
Classification: LCC QL104 .R4418 2026 (print) | LCC QL104 (ebook) | DDC 591.70911—dc23/eng/20260605

LC record available at https://lccn.loc.gov/2025016061
LC ebook record available at https://lccn.loc.gov/2025016062

Fabricado en los Estados Unidos de América
1-1012587-54894-5/22/2025